2

自《じ》然《ねん》の声に聞く

大田利生

自然の声に聞く２＊目次

初出：㈱自照社出版刊『自照同人』第九八号（二〇一七年一・二月号）～第一〇七号（二〇一八年七・八月号）

装画　湯田利恵子

鐘のある風景

響きと言えば、鐘の音を思い出し、鐘の音と聞けば、『平家物語《へいけものがたり》』の冒頭の文が浮かんできます。

祇園精舎《ぎおんしょうじゃ》の鐘の声、諸行無常《しょぎょうむじょう》の響きあり。沙羅双樹《さらそうじゅ》の花の色、盛者必衰《じょうしゃひっすい》のことわりをあらはす。……

と、流麗《りゅうれい》なこの文章は多くの人を惹《ひ》きつけてきました。現在、私達は、鐘の声、その響きを聞くことが少なくなってきました。大晦日《おおみそか》に除夜《じょや》の鐘を聞いたり打った人は多いと思いますが、現代は、梵鐘《ぼんしょう》が撞《つ》かれることがあっても、周囲の騒音に掻《か》き消されてしまう、というよりも梵鐘の音そのものが騒音扱いにされるところもあります。家屋の建築様式も変わり音が聞こえにくくなっているともいえます。ともかく鐘の音が届きにくくなってきました。

けれども、一切のものは移ろい無常である、そう告げている、そこまでいかなくても、あるいは回顧の思いからこころに響きを感じる人もおられるはずです。そのように、鐘の音は私達のこころの中に入ってくることも確かです。鐘の音にむしろ結婚式を思い浮かべるという人もありました。西洋の鐘と梵鐘の音が出る構造を考えてみるのも面白いことです。内壁を打って音が外に出ていくのに対し、撞木《しゅもく》で外側から撞き音をこもらせ外に出ていく、そんな違いを語る方もおられました。

ところで、鐘には喚鐘《かんしょう》と呼ぶ鐘もあります。この鐘の音を聞いた妙好人《みょうこうにん》善太郎《ぜんたろう》さんは「はいはい参ります」と返事をしたという有名な話がありま す。鐘の音が早く寺へ参れよ、という催促《さいそく》に聞こえたのでしょう。そのように、鐘の音は、私達が深く生きれば生きるほどこころの中に入り、音が声として聞こえてくるということでありましょう。

仏教讃歌の「夕《ゆうべ》の歌」、最近あまり歌われなくなりましたが、その一番に「静かにくれゆくこの夕、鐘が鳴る、鐘が鳴る」とあります。四番まですべて「鐘が鳴る、鐘が鳴る」で終わっています。鐘の音が聞こえる風景に親しみをもちたいものです。

才市さんの詩

妙好人《みょうこうにん》・浅原才市《あさはらさいち》さんには、つぎのような詩があります。

影をみよ、光明《こうみょう》の光のおかげで
影がみえる
浄土の影がこれでわかるぞ

ここに影という文字が三回もでてきます。よほど才市さんは影という一字にこだわりを抱《いだ》いておられたようです。まず、光明の光のおかげと言われるのですから、私達が日頃見ている影（物理的な光を遮《さえぎ》るものによってできる影）と違うことはすぐにわかります。光明の光とは「摂取《せっしゅ》の光明」とも言われるように如来《にょらい》の智慧《ちえ》を表わします。私達がそれに遇《あ》うことによって救われていく光であります。その仏の光によって影がみえると言われるのです。それは、光に遇うまでは見えなかったものが見えてくるということです。だから、おかげさまと言われているのです。

では、見えてくる影とは何を言っているのでしょうか。それは、私の眼では見えなかったこころの内面です。そのことは、「肉眼は他人の非がみえる、仏眼は自己の非に気づかされる」ということばにも表われています。仏の智慧に照らされてはじめて煩悩具足《ぼんのうぐそく》の凡夫《ぼんぶ》でありました、と気づかせていただくのです。それを、影がみえると言われたのであります。

経典には、光に触れる、光を蒙《こうむ》る、光を聞く、光に遇うと説かれています。どのことばからも暖かさが感じられてくるようです。仏教においてとくに浄土の教えでは、智慧の光明から慈悲《じひ》の光明へと光明理解が変わってきているようです。慈悲の光明が強調されてきます。親鸞聖人も「煩悩にまなこさへられて　摂取の光明みざれども　大悲《だいひ》ものうきことなくて　つねにわが身をてらすなり」と詠《うた》われます。

また、浄土の影と言われる影は、浄土があるということがはっきり知らされてきたということでありましょう。私の肉眼で見ようとするから見えないのです。また、私のはからいでいく世界でもありません。聞法《もんぼう》を重ね、仏さまにお遇いできたとき、浄土の世界が開けていくということです。才市さんのひたすらなる聞法の姿が偲《しの》ばれます。

枠をつくって

さりげなく話していることが、生きている根幹にかかわる内容に展開することがあります。先日、「書かれた文字も表装されると、一段と重みを増して見えてくるものです」という話を聞きました。

その数日後、たまたま表装された自分の字を見る機会がありました。本当は見たくなかったのですが、こちらにとうながされ、仕方なく見てしまいました。下手な字も少しましに見えてくるから不思議です。それが、表装、枠というもののもつ力なのでしょうか。絵も同様に額の中に収まりますと、美しさをともなって、違った趣きがでてくるという経験は誰にもありましょう。

ともかく、枠のことを考えていますと、人間も同じように枠の中で生きているように思えてくるのです。つまり、私のまわりに枠を作って自分の世界で生きているということです。もちろん、それ自体悪いことではないかもしれませんが、その枠に固執していきますと、自己中心の世界に埋没《まいぼつ》してしまうことになり、それが問題なのです。

いま、字や絵が枠によって美しく見えてくるということと、人間が枠を作って生きていくことは、必ずしも内容的に重なっているわけではありません。ただ、人間には枠を作ることによって、身を守ろうとしたり、都合のいい人は受け入れ、そうでない人を拒否するこころが起こってきます。そこにはまた、尊大にかまえたり、体裁をつくろったりというこころも生じてくると思われます。

私達はなかなか枠の中で生きているということに気づきません。そのことを知らせてくれるのが仏法であります。『無量寿経《むりょうじゅきょう》』の中に、仏の異名《いみょう》が十二光《じゅうにこう》で表わされます。その中の無辺光仏《むへんこうぶつ》の無辺に注意したいのです。無辺とは枠がないということです。逆に辺があるということは、中心が一つどこかにあると考えられます。辺がないということは中心をとることができないということであり、同時にどこをとっても中心だということであります。仏の世界でも、誰もが中心にいるということであって、それこそが真の平等ということになります。

私と向き合う

蓮如上人《れんにょしょうにん》の白骨《はっこつ》の御文章《ごぶんしょう》は有名です。その最後の節は、

されば人間のはかなきことは老少不定《ろうしょうふじょう》のさかひなれば、たれの人もはやく後生《ごしょう》の一大事を心にかけて、阿弥陀仏をふかくたのみまゐらせて、念仏申すべきものなり。

と結ばれています。この文を解釈して次のようにおっしゃる方がありました。

人生はいつ何があるかわからないから、悔いのないよう毎日を楽しく生き

なさい、と。

このように言われながら、都合のいい解釈をするのですが、と断っておられます。それにしても、御文章はどこへいったのだろうと首をかしげたくなります。自分と本当に向き合うことができないことが、このような表現になってあらわれている、そのように思います。逆に言えば、自分の姿が知らされ、気づかされたとき、この御文章のことばも領解《りょうげ》されるということであリましょう。

私達には、自分の中をのぞいてみたり、中心をみるということを避ける傾向があります。また、私にとって最も遠いのは私自身であるということを耳にすることがあります。一番近いと思っている私が実は遠かったのです。これは、私が自分に向き合っていないということの証左でありましょう。また、こんなことも言われます。だれもが最後に会わなければならないものがある、それはこの私である、と。自分にはいつも一番よく会って、知っているつもりですが、最後まで向き合うことはないということです。比較の中で生きているからだと言えます。比較するということは、眼が外を向いているということです。

私達は、常に何かと比較しながら生きている、そのことが自己に遇《あ》うということをさまたげているのです。本当に自己に出遇うということは、そういった比較を超えて生きていくところにあることだと思います。如来の願いの中に生かされるということは、私の姿に気づかされ、共に念仏の道を歩ませていただくということです。

時の流れ

愛に時間を作用させれば、必ず憎しみに変わる、と語った人がいます。時間にこころを変えていくはたらきがあるということでしょう。しかし、ことばの意味するところは、いつまでも良い状態を保つことはできない、もちろん、悪い状態も長くは続かないということだと思われます。

いま、変わるということを違いという語におきかえても、同じようなことが言えます。他人と私の違いよりも、昨日の私と今日の私の違いの方が大きい、ということを聞いたことがあります。僅《わず》か一日で言うことがガラッと変わるということもありえます。一寸先は闇とも言います。仏教では刻々と変わる刹那無常《せつなむじょう》ということを説きます。したがって、人間とは、激変する存在であるということです。

また、時間ということばから、不幸なことに出会ったときなど、時間が解決してくれますよ、と言って慰《なぐさ》めてもらうことがあります。ただ、こういうばあいには、言う方ではそうではないのかもしれませんが、悲しみに寄りそうというこころを感じとることはできません。

最近、私は同窓会なるものに参加しました。そのときのことです。五、六十年という時は互いに確認しあうには、余りにも長い時間でした。ところが、手をとりあって話しているうちに懐《なつ》かしく喜びあえてくるから不思議です。長い距離が一瞬にして縮まり、互いを近づけてくれて、それが懐かしさという感情を起こしているのでしょう。その長い時間があったからこそ、親しく会うことができた気がいたします。そういう意味で、時間というのは、新鮮さをもたらしてくれるものだと思えてくるのです。名前も出てこないような人から遠い過去のことをよく覚えていると言われますと、時空を超えてそのときの想いが胸に広がってまいります。

同窓生の顔のなかには、生きてきた軌跡が刻み込まれているようで、自然に敬意のこころが起こってくるのでした。

融け合う

秋から冬に向かうこの時期、自然が少しずつ静寂のなかに包まれていく準備をしているようにみえます。たわわに実った柿もいつの間にか手の届かないところに、わずかとり残されたままになっている、そんな光景を眼にしますと、寂寥感《せきりょうかん》さえ覚えます。

このような季節の変わり目、それは、秋と冬が混じり合い、融け合って一つになっていると説明できそうです。融合とか融和ということばは日常よく使います。しかし、その意味についてては、深く考えることをあまりしないようです。ただ、ばらばらなものがまとまっている姿は美しいものだと感ずることはありますし、意見が一つになることは本当にむずかしいことだと思うこともあります。ここに二つの話を掲《かか》げてみましょう。

一つは、違いのなかにこそ存在する意味があるということです。私達は、「こぼれる」「あふれる」と言います。また、「美しい」「きれいだ」ということばも使います。こぼれるはあふれるではありません。あふれるもこぼれるではありません。しかし、水がコップから出ているというイメージは共通しています。そして、あふれるにはこぼれるとは違った感じが伝わってきます。

もう一つ、あるお寺の寺報に紹介された文章です。それは、関東在住の頃、親鸞聖人と恵信尼《えしんに》さまの間柄がとても仲睦《むつ》まじいことが知れわたり、しかも、その背景にお念仏とやらがあるというわさが流れました。それならそのお念仏の教えを聞いてみよう、ということになり、聖人のもとへ人々が集まってきたということです。教えが伝わるのは、人柄とか人徳ということが大きく関わるということでしょう。

この二つの話は、われわれに大事なことを教えています。私達は表面だけをみて価値判断をしようとする傾向があります。そのことに気づかねばならないということ。そして、教えはその人の生き方と一つになっていなければならないということです。自然が融合している姿から、私達はどのように和して生きていけるのか密《ひそ》かに考えることです。

敬意と柔軟心

ご門徒の家にお参りしますと、家庭内のことをお話しになり、雰囲気《ふんいき》を知ることがあります。先日もこんなことがありました。

それは、そのうちのお嫁さんのことです。ご本人はキリスト教徒なのです。そのお義母さんが「えらいなあー」と仰《お》っしゃるのです。私もつい同じことばを発していました。その日は門徒報恩講《ほうおんこう》の日だったのですが、お義母さんと一緒に私の後ろに座り、お正信偈《しょうしんげ》を読んでおられたからです。

このことを後に思い返しながら、二つのことが浮かんできました。一つは、「敬意を表わす」ということであり、いま一つは、「柔軟心《にゅうなんしん》」ということです。私達は、つい自分の考えを押し通してしまったり、自分の立場を保持するため、相手を認めなかったり、敬意を表わすということをしないで生きているところがあります。

キリスト教教会に毎週通う教徒でありながら、仏教の教えを謗《そし》ったり、無視するのではなく、むしろ敬意を表しておられる姿にみえたのです。それは、異質なもの、異文化を受け入れようとされるこころに接したようで、暖かさとさわやかさが伝わってきたことです。そして、今、忘れられていくことの一つにこの敬《うやま》うこころをあげることができると思います。

また、柔軟ということばもそうです。敬うということと密接に関連するものと言えます。柔の字には「いつくしむ」という意味もあり、柔軟心と書いて菩薩《ぼさつ》のこころを表わす文字であります。それは、受け入れるこころと言ってよいと思います。もちろん、弱々しいという意味ではありません。いま、ここに「しなやか」という語をもってきますと、それは、かたくはないが決して折れることがないという意味をもっているように感じられます。そのような意味と柔軟心とは通じ合うところがあります。

ある方が、柔と剛とを合わせもつことによって、しなやかさがでてくるものだと言っておられました。ご本願に智慧《ちえ》の光を蒙《こうむ》るものは、身心柔軟《しんしんにゅうなん》になるとあります。深く味わってみたいことです。

妙好人 喜兵衛さん

『妙好人伝《みょうこうにんでん》』という書物の最初に芸州《げいしゅう》の喜兵衛《きへい》さんの話が出てきます。

寛永《かんえい》のころ安芸《あき》國山県《やまがた》郡戸谷《とだに》村に喜兵衛という人あり。……深く本願を信じ、行住座臥《ぎょうじゅうざがしょうみょう》名たゆることなし、家内にても他の同行《どうぎょう》にても親しき人なれば、夜寝たるをば時々ゆすり起して其《その》人目をさまし、返事の聲《こえ》のみなれば御留守〳〵といい、又おこして南無阿弥陀仏〳〵と称名すれば、目出たし〳〵御内《おうち》にご座《ざ》るというてともに念仏せしとなり。

ここにみられる喜兵衛さんの姿は、阿弥陀さまがお留守だと思っていたけれど、やっぱりお内におられたことをお念仏をとおして確認されています。そして、ともにお念仏されたということは喜兵衛さん自身にも仏さまがおられたということです。それは如来のまことのこころをいただいておられたことを意味します。それが念仏として出ているということであります。

喜兵衛さんの日常生活を思うと、お仏壇にお参りするときはもちろん、一日中お念仏の中で、そして仏さまと話をされながらの毎日であったようにうかがわれます。

善導大師《ぜんどうだいし》の『観経疏《かんぎょうしょ》』の文が浮かんできます。「仏《ぶつ》の光は普《あまね》く照らすというのに、念仏の者のみを摂《しょう》するのは何故か」という問いを出され、それに答えて三縁釈《さんえんじゃく》が説かれます。親縁《しんえん》、近縁《ごんえん》、増上縁《ぞうじょうえん》がそれです。いま、親縁には、衆生《しゅじょう》が口に仏を称すれば仏すなわちこれを聞きたまう。身に仏を礼敬《らいきょう》すれば、仏すなわちこれを見る。心に常に仏を念ずれば、仏また衆生を憶念《おくねん》したまう、と述べ、阿弥陀仏と私の身口意《しんくい》の三業《さんごう》があい離れることはないとあります。

南無阿弥陀仏を称《とな》えるところ、仏は常により添って私のそばにまします、ということです。人を起こして南無阿弥陀仏と声が出たことを喜兵衛さんはともに喜んでおられます。一緒にお念仏申すことができるということは本当に尊《とうと》い姿に思えてくることです。

もう一つの美しさ

時期はすぎましたが、桜の名所ではとくに満開の頃になりますと、花と人が一体になって楽しんでいる光景が見られます。しかし、桜の美しさもいつの間にか葉桜に変わり、そこには静寂さだけが残されているように感じられます。

今は、紫陽花の季節です。ビルの入口に大きな紫陽花が置いてあり、それは美事でした。いかにも誇らしげに見えました。ところで、美しさはこんなところにもと思わせる一つの歌にあいました。

山川のあらき流れのふちにして
いのち静けく咲く花のあり

かなり激しく流れている川、目立たないふちにしっかり咲いている花について詠《よ》まれています。見ようと訪れる人さえいない、そんな場所に凛《りん》として流されずに咲いている姿にもう一つの美しさが感じられます。そして、大きく動きつづける社会の中にあって、しっかり生きていこうね、といっているようにも思えてきます。

桜の花もそうです。山の中、それも懸崖《けんがい》にひっそりと咲いている桜には名所のそれには感じられないものがあります。人知れず咲いている花からは謙虚なこころさえ伝わってくる気がいたします。

よく知られた甲斐和里子《かいわりこ》さんの歌があります。

岩もあり　木の根もあれど　さらさらと
　ただざらさらと水の流るる

水の流れるに何一つあたるものもなくすき透った清流は輝いています。でも、岩や根のある川も、水は何もなかったかのように流れています。あたるものを取り除いて流れるといっているのではありません。人生にはさまざまな苦悩との出会いがあります。その苦しみを受け入れながら、しかもさわやかに生きていることを流れに重ねて味わうことができます。

一輪の華を飾りて今日もまた
　浄土へ還る旅をつづけむ

決して華やいだ飾りつけではありません。一輪の華を眼にしながら今日一日も安らかな世界への一歩でありましたということころが表わされています。

自他一如の世界

虫のすだく音を聞きながら季節のうつろいを感じます。厳しい暑さも少し和《やわ》らぎ、秋の気配漂《ただよ》う日もそう遠くはないという思いを抱《いだ》かせます。美しい音色《ねいろ》についうっとりと我を忘れて聞き入り、時には、庭一杯に溢《あふ》れそうな虫の音が家の中にまでしているように聞こえることがあります。精一杯鳴いているその声に生きる力を与えられる感じさえすることがあります。

九条《くじょう》武子《たけこ》さんにはつぎのような歌があることを知りました。

虫の音と流れの音ととけ入れば

われはいつしかねむりに入りし
大きな自然の中に抱かれ、安らぎの世界に生きる歌のこころが伝わってきます。

ところで虫の音と川の流れの音が一つにとけあっているというところに深く味わわれるものがあります。二つの音は性質の違う音ですが、それが一つになっているというのです。音階でいえば、高さの違う音が和して美しい音曲が奏《かな》でられることに譬《たと》えられます。「宮商《きゅうしょう》和して自然《じねん》なり」という和讃《わさん》の文《もん》もそのことを言い表わしています。

とけ入るということは、虫の音がそのまま流れの音であり、流れの音が虫の音だということです。したがって、二つの区別もなくなるということで、まさに、平等寂滅《びょうどうじゃくめつ》、さとりの世界であります。

私達は常に物事を分けて見、分別《ふんべつ》しています。生と死、自と他、幸と不幸、善と悪というように。とけ入るということは、そういう区別がなくなるということで、生死《しょうじ》一如《いちにょ》、自他《じた》一如《いちにょ》というのです。

浄土はさとりの世界です。いま虫の音とあるのは、『阿弥陀経《あみだきょう》』に説かれる六鳥、そして流れは、『無量寿経《むりょうじゅきょう》』に池の水の様子が詳しく描かれますがそれにあたり、浄土の荘厳《しょうごん》に重ねられて歌われたものと味わわれます。浄土の描写はさとりの世界を表わしたものですが、また帰っていく世界でもあります。「諸上善人倶会一処《しょじょうぜんにんくえいっしょ》」の文がいよいよなつかしく思われてくることです。

＊ 著者紹介 ＊

大田 利生（おおた りしょう）

1942年、広島県に生まれる。龍谷大学大学院文学研究科博士課程修了。現在、本願寺派勧学。龍谷大学名誉教授。文学博士。
著書に『増訂無量寿経の研究』『阿弥陀経講讃』『香りを聞く』『譬喩に学ぶ』、編書に『漢訳五本梵本蔵訳対照 無量寿経』などがある。

自然の声に聞く 2

2022年 7 月 5 日　第 1 刷発行

著　者　大 田 利 生
発行者　鹿 苑 誓 史
発行所　合同会社 自照社
〒520-0112 滋賀県大津市日吉台4-3-7
tel：077-507-8209 fax：077-507-9926
hp：https://jishosha.shop-pro.jp
印　刷　株式会社 谷印刷所

ISBN978-4-910494-13-5

自照社の本

自然《じねん》の声に聞く 1

大田利生

染香人／蟪蛄春秋を識らず／水中の月影／紅葉から／冬の日本海／桜の花に思う／雨を聴く／蓮の華／キンモクセイ／黄落

B６・36頁
150円＋税

続 自然《じねん》の声に聞く

大田利生

「去る」と「来る」／柿／春の訪れ／「不思議」という語／二つのことば／経典を読む姿勢／蔓草に思う／雲霧

B６・28頁
150円＋税

一縁会テレフォン法話集 阿弥陀さまの〝おはからい〟

一縁会 編

生かされ、はからわれて生きていることへの〈気づき〉と〈よろこび〉を日常のできごとからやさしく語るひと口法話30篇。

B６・112頁
800円＋税

仏事・日常勤行 抄訳 佛説阿弥陀経

豊原大成 編訳

和語でお経をいただく、新しいおつとめの〝かたち〟。「しんじんのうた」の譜で誦える格調高い《意訳勤行》。用語解説付き。

B６・50頁
400円＋税

浄土真宗本願寺派 日常勤行聖典 解説と聖典意訳

豊原大成 編著

正信偈・讃仏偈・重誓偈・阿弥陀経・御文章に、現代語でも味わえるよう意訳を付す。法要や作法についての解説付き。

B６・120頁
300円＋税